1

주적

KB065246

일러두기

이 책은 크리스틴 델피가 1970년부터 1978년 사이에 발표한
유물론 페미니즘 텍스트를 엮은 책『주적 1권: 가부장제의
정치경제학L'ennemi principal - tome 1: Économie politique du
patriarcat』의 첫 번째 글 『주적L'ennemi principal』에 해당한다.

크리스틴 델피

가부장제의 정치경제학

1

주적

봄알람

'여성해방운동Mouvement de libération des femmes' 창립 이후, 프랑스와 미국을 비롯해 이 문제가 다루어진 모든 곳에서 마르크스주의적 관점은 페미니즘 운동 바깥에서 형성된 전통적인 공산주의자와 좌파 집단의 공동 노선으로 대표되었으며, 좌파 집단 활동가들의 운동에 널리 퍼져 있었다.

여성해방운동에 참여한 여성 모두에게 이런 노선은 이론 차원에서나 전략 면에서나 불만족스럽게 비쳤다. ① 여성의 공통적 억압을 고려하지 않고 ② 여성 억압에 주목하는 게 아니라 여성 억압이 프롤레타리아에 미치는 영향에만 주목한다는 점에서였다.

해당 노선이 주장하는 원칙이 여성들에게 적용될 때는 완전히 상반된 형태를 띠지 않았다면 일어나지 않을 일이었다. 역사

이 글은 *Partisans*, 1970.11. '여성 해빙 원넌' 특별호에 실렸다.

적 유물론은 계급 차원에서의 사회적 대립에 대한 분석에 기초하고 있는데, 이때 계급은 생산 과정에서의 위치로 정의된다. 그러나 여성의 여성으로서의 상황에 대한 연구에 이러한 원칙을 적용하려 하면서도, 여성이 생산과 맺는 구체적인 관계에 대한 분석은 간단하고 완전하게 누락하고 말았다. 계급 분석이 이루어지지 않은 것이다. 이러한 이론적 공백은 곧장 다음과 같은 결과를 낳았다.

> » 오늘날 자본에 의한 프롤레타리아 억압만이 유일한 계급 투쟁으로 정의되는 가운데 여성 억압은 여기서 기초한 이차적인 결과로 비추어진다.
> » 자본주의 그 자체가 무너진 상황에서

의 여성 억압은 순전히 이데올로기적인 이유에 의해서 생겨났다고 여겨진다. 이 설명에는 이데올로기를 통해 합리화할 물리적 억압이 없는 상태에서도 존재할 수 있는 요소로서 이데올로기를 정의하는 非마르크스주의적이고 이상주의적인 정의가 함축되어 있다.

» 위의 가정은 여성해방운동의 역동과 모순된다. 여성들은 자신들에게 부과된 이론적이고 정치적인 이중의 요구를 인식했다. 이 요구란 자본주의 생산 관계의 폐지만으로는 여성을 해방하기에 충분하지 않은 구조적 이유를 찾아내는 동시에 자율적인 정치력을 길러야 한다는 것이다.

따라서 여성해방운동은 시작과 동시에 모순에 직면해 있다. 변혁적인 힘으로 이루어진 운동임에도, 총체적인 변혁적 관점에 여성들의 투쟁을 포함시킨 유일한 분석조차 여성들이 경험하는 구체적인 억압의 원인을 밝혀야 한다는 이론적 요구를 간과하고 있다. 그리고 정치적 요구에 대해서는 어떤 이론적 배경도 제공하지 않는다. 자율적인 운동이 구성될 필요를 인정하기는 하나 그 여지를 만들어주지는 않는 것이다.

이 모순의 결과는 운동 전반에서 거북함, 경향성의 대립, 원활히 기능하지 못하는 문제들로 즉시 드러난다. 이 모든 문제는 우리가 참조하는 이론과 우리가 비판하는 억압 간에 단절이 존재하는 한, 그리고 운동의 존재가 공고히, 즉 이론적으로 정착되지 않은 한 일관되게 실천을 정의하는 일이 불가능하기 때문에 생긴다.

따라서 마르크스주의 노선의 존재는 결과적으로 운동에 방해물이 되는데, 이는 자명하게도 우연이 아니다. 여기서 우리의 목적은 여성들 자신에 의해서 해당 노선이 채택된 기제[1]를 분석하는 것이 아니며 여성 억압에 자본주의 계급 이외의 객관적 이해관계가 존재한다는 주장에 추가적인 증거를 대기 위함도 아니다. 그저 마르크스주의 노선이 여성 해방을 객관적으로 방해하는 역할을 하며, 따라서 여성의 예속에 이해관계가 결부된 집단의 행위로 볼 수밖에 없고, 비과학적으로 이런 예속을 합리화하는 마르크스주의의 탈을 쓴 이론, 즉 이데올로기일 뿐이라고 말하는 정도로 충분하겠다. 다시 말하지만, 우리의 목적은 마르크스주의 노선을 하나하나 점검하려는 게 아니다. 이 절차는 다른 때에 행해지게 되겠지만, 당장의 목적은 지금 운동에 가장 필요한 것을 제공하는 데 있다. 바로 여성 억압의 유물론적 분석 기반을 마련하는 일이다.

이런 관심사는 운동이 객관적으로 필요로 하는 바와 잘 맞아떨어진다. 1969년부터 1970년까지 서로 몇천 킬로미터 떨어진 지점에서, 서로 영향을 주고받지 않은 페미니스트들에 의해, 물적 토대에 근거하여 여성 억압을 이해하려는 저작물들이 출간된 것을 보면 알 수 있다. 일례로는 마거릿 벤스턴(1969, 1979)과 라르기아(1970)의 글이 있다.[2]

모든 사회는 살아남기 위해 물적 재산을 창조하고(생산) 인간을 만들어내야(재

생산) 한다. 앞서 언급한 글들은 여성 억압을 분석할 때 여성이 생산(재생산만이 아니라)에 참여하는 구체적인 내용에 집중한다. 이들은 가정 내 노동과 아이 양육에 주목하며 이를 생산적 과업이라고 분석한다. 그리하여 이 글은 마르크스주의 원칙에 근거한 급진적 페미니즘 분석의 배양토가 된다. 가정이 다른 무엇보다 자본주의적 착취를 간접적으로 옹호하고 그 경제적 기능은 간과하는 이데올로기를 '미래의 생산자들'에게 교육하는 장소라고 여기는 유사 이론을 거부하는 이 글들은 가정이 여성에 대한 경제적 착취의 공간임을 조명한다. 가정 내 노동과 자녀 양육이 온전히 여성의 책임이며 무급이라는 점을 밝힌 뒤 이 글들은 여성들이 생산과 특수한 관계를 맺고 있다고 보고, 그

관계가 노예화와 등치할 만하다고 분석한다. 그렇지만 그것만으로는 불충분하다. 가사 내 재화와 서비스의 성격과 이 재화와 서비스를 생산하는 양식 간의 관계를 분석하고, 여성의 계급 분석을 실행하고, 이 분석에서 시작해 목적, 결집, 정치적 동맹의 측면에서 운동의 정치적 관점에 대한 주요 노선을 정립해야만 한다.

여성이 속한 생산 관계

'사회주의적' 사회를 비롯해, 현재 모든 사회는 자녀 양육과 가정 내 봉사라는 여성의 무급노동에 기초한다. 이 서비스는 남편이라는 개인과의 특정한 관계하에서만 제공된다. 이 서비스는 교환의 영역에서 배제되고, 따라서 가치를 지니지 못한다. 이 서비스는 보수를 지불받지 못한다. 여성이 받는 수당은 제공한 노동과 독립적이며, 노동에 대한 교환으로, 즉 임금으로 부여되는 것이 아니기 때문에 권리가 아니라 증여로 취급된다. 남편의 유일한 의무―그에게 이익이 되는 것이 자명한―는 아내의 필요를 충족시키는 것으로, 달리 말하면 아내의 노동력을 유지하는 것이다.

미국과 쿠바에서 출간된 앞서 언급한 글들에서는, 지배적인 이데올로기의 잔재라고 말할 수 있는 모호함이 눈에 띈다. 가정 내 노동이 생산적이라는 점은 인정하지만 그 무가치, 무보수성, 교환 영역에서의 배제가 가사 서비스의 자체적인 성격에서 비롯된 결과라고 암시적으로, 혹은 명시적으로 언급하기 때문이다. 이러한 주장은 다음의 두 가지 전제에 기초하며 그를 통해 드러난다. 여성은 ① "구조적으로 상품 생산을 책임지지 않고" "생산 과잉 세계로부터 배제되었다"(Benston 1969, 1979). 그리고 여성은 ② '사용 가치'를 만들어내는 활동에만 제한적으로 참여할 뿐 '교환 가치'를 만들지 못하므로 '과잉 생산'하지 않는다(Larguia 1970).

우리는 이와 반대로, 여성들이 행하

는 노동의 성격이 여성들의 생산 관계를 설명하는 것이 아니라, 이 관계야말로 여성들의 노동이 가치의 세계에서 배제되었음을 설명한다는 주장을 견지한다. (교환의) 시장으로부터 배제된 것은 경제 행위자로서의 여성들이지 그들의 생산이 아니다.

1. 가정 내 노동에 적용되는 앞서 설명한 생산 관계(무보수성)는 아동 양육, 가정 내 서비스와 같이 가정 내에서 소비되는 생산에만 국한되지 않는다. 가정 내에서 생산되었다면 그 생산물이 시장에서 판매될 때도 마찬가지다.

여성이 상품과 생필품 제작에 참여한다는 것은 민족학 문헌 전체를 통해 증명되었으며, 이는 인류의 생존에 있어 여성의 부차적인 역할—적어도 그 '기원'에서는—을 통해 여성의 열등한 지위를 설명하려는 사상가들에게는 눈엣가시 같은 증거들이다. 지금 여기서 역사의 모든 순간에 자의적으로 드러나는, 기원에 대한 신화 속 체계—엥겔스 자신도 이 신화의 희생자였다—를 지탱하는 '자연주의' 이데올로기가 구성되는 현상에 관해 논하려는 것은 아니다. 그저 민족학 문헌 전체가 여성이나 남성에 의한 생산의 경제적 중요성이 특정 성별의 사회적 우위와는 무관하다는 점을 보여준다고 말하는 것으로 충분하다. 오히려, 민족학과 사회학 분야에 만연한 증거는 정반대의 관계를 증명한다. 지배 계급이 생산적 노동이 자신의 지배 아래 있는 계급에 의해 이루어지도록 만든다는 것이다.

오늘날 프랑스에서 아내의 노동은 가정 내에서 사용하기 위한 물건뿐 아니라 시장에 내놓기 위한 제품을 생산할 때에도 보수를 받지 못한다. 생산 단위가 (공장이나 공방이 아니라) 가족인 이상 모든 분야에서 일어나는 일인데, 즉 농업과 상업, 가내 수공업 대부분이 그렇다. 그러나 이 산업에서 여성들의 일은 결코 주변적이지 않았다. 1968년 농부의 아내들은 하루에 4시간씩 농업에 종사했다(Bastide 1969). '농촌의 위기'는 젊은 여성들이 더는 농부와 결혼하고 싶어하지 않기 때문에 생겨난다. 그러나 일반적인 견해로 보자면 '농장은 아내 없이 돌아가지 않는다'. 미슐레는 농부가 하인을 둘 여력이 없을 때 아내를 얻는다고 말한 바 있다. 이는 여전히 진실이다. "미셸이 자기를 도와줄 사람을 찾아야 했는데 하녀를 못 구했어. 미셸이 결혼만 한다면……."[3] 프랑스에서, 여성이 어떤 측면에서 착취되는지는 지역에 따라 차이가 있다. 가금류나 돼지 등 가축을 돌보는 노동은 상수이지만 여성들은 마치 가정부처럼 다른 모든 일도 해내야 한다. 여성들은 더럽고, 고역이고, 기계화되지 않은 하급 노동을 수행하거나 돕는다.(특히 젖소를 다루는 일은 손으로 했을 때 너무나 구속적이고 종사해야 하는 시간대가 극히 까다롭기 때문에 어떤 여성들은 이제 결혼 계약서에 이 노동의 면제를 포함하기도 한다. 그리고 노동이 기계화되면, 남성들이 이를 차지한다.) 많은 경우, 농장에서 생산되지 않는 항목에 대한 소비를 가능케 하는 현금의 유일한 원천은 특히 여성적 생산품 즉 우유, 계란, 가금류 등의 판매 수익이다. 여성 착취가 어떤 측면에서 이루어졌든 간에, 농업 생산에만 국한해서 생각하더라도 여성의 노동은 절대적으로 필요하다. 남성 혼자라면 두 배 더 노동해야만 하고, 극단적인 경우에는 농장을 아예 유지할 수 없기 때문이다.

　　여성의 무급노동은 유산 상속에서 배제된 형제와 자매, 막내, 혹은 아이들이 행했던 무급노동과 같이 착취의 일반적인 경제에 포함된다. 오늘날 많은 막내와 아이들은 집을 떠나겠다는 위협을 통해 임금을 얻어내거나 실제로 집을 떠나기도 하지만, 18세기 말 산업화가 이루어지기 전까지는 모든 경제 분야에서 이들에 대한 착취가 곧 규칙이었으며 농업 분야의 경우에는 제2차 세계대전 때까지도 그러했음을 상기할 필요가 있다.

　　가족은 역사적으로나 어원적으로나 생산 단위를 가리킨다. 라틴어로 파밀리아 Familia는 가족을 이룬 아버지의 권력에 지배되는 토지, 노예, 여성과 자녀의 총합(결국 재산과 동의어다)을 뜻한다. 이 단위를 지배하는 이는 아버지다. 그의 권위 아래 있는 개인의 노동은 그에게 속한다. 달리 말해 가족은 '우두머리'에게 자신의 노동을 빚진 개인들의 총합을 의미한다.

가정이 거기에 속하거나 결혼을 통해 속하게 된 이들에 대한 개인의 착취에 기반하므로, 가정 내 생산 양식이 남아 있는 어느 곳에나 이런 착취는 지속된다. 모로코를 예로 들자면, "농촌에서 여성들은 과일을 수확하고 가축을 돌보는 일을 했다. 여성들은 일에 대한 어떤 수입도 얻지 못했다. 그들에게는 가장에게 부양받을 권리가 있었다"(Nouacer 1969).

1970년 프랑스에서는 700만 명의 여성이 '경제 활동'을 한다고 보고되었다. 달리 말해 생산에 참여한 것이다. 이 700만 명의 여성 가운데 100만 명은 '가정부'였는데 이는 임금을 받지 않는다는 뜻이었다. 그리고 수당을 받지 못한 이 여성들 가운데 80퍼센트가 농업에 종사했다. '가정부'라는 지위는 가족 형태의 착취에 대한 인정이다. 이 지위가 생산자들이 임금을 받지 못한다는 사실을 제도화하기 때문이다. 이는 그들이 생산한 이득을 남편 혹은 아버지가 거머쥔다는 의미다. 가정부의 지위는 이 노동자들이 '복리 후생'을 누리도록 하기 위해서 제2차 세계대전 이후 '발명'되었다. 그런데 농업, 상업, 가내 공업에 종사하는 대부분의 여성은 계속해서 자신들이 '무직'이라고 대답했다. 또한 가족 '착취'의 차원에서 상품 생산에 참여한 여성의 수는 '가정부'로 집계된 여성의 수보다 훨씬 많았음이 틀림없다. 1970년 17세에서 64세 성인 여성 인구는 약 1400만 명이었는데, 대략 40퍼센트가량 낮게 잡는다고 하더라도 그 가운데 약 140만 명이 이런 생산 관계에 종속되어 있었다고 파악된다. 1970년 성인 여성 열 명 중 한 명에 해당하는 수치다.

여성의 노동은 아동 무상 노동이 문제시되는 와중에도 계속 무상으로 취급되었다. 서로 다른 세대의 가정이 경작을 통해 공존하는 가운데 아들들은 점점 더 자신의 노동이 지불받아야 한다고―그저 노동력을 유지하는 것으로 '보상'받는 것이 아니라―요구했다. 이때 그의 아내도 같은 요구를 할 수 있었고 이에 따라 부부가 두 명분의 일자리에 대한 두 명분의 임금을 받았으리라고 가정하는 것은 완전한 몰이해다. 남성의 노동이 무료라는 사실은 맹렬히 공격받았으나 (1970년 기준 가정부 남성은 '경제 활동을 하는' 남성 43명 중 한 명이었으나 여성은 7명 중 한 명이었다) 여성의 노동이 무료라는 사실은 관습으로뿐 아니라 국민계정(가정부라는 지위), 심지어 야당의 요구 사항에 의해서도 제도화되었다. 모데프[4]는 모든 가족 경작이 임금에 해당하는 소득을 보장받아야 한다고 주장했다. 이에 함축된 내용은 가사 생산에 통합된 여성의 노동은 임금을 받을 만하지 않다는 것이었다. 더 정확히 말하자면 여성의 생산이 남편에 의해서 그 자신의 것처럼 교환되기 때문에 여성의 노동은 남편에게 속한다는 것이었다.

2. 여성에 의해 생산된 가정 내 서비스와 가족 내에서 생산되고 소비되는 소위 '생산적' 재화 및 서비스 간에는 차이가 없다.

전형적인 농민 경제에서는 가정 내에서 소비되는 재화의 상당량이 가정에서 생산된다. 가정이 스스로 생산한 결과물의 일부를 직접적으로 흡수하는 것이다. 그런데 이 생산물은 상품화될 수도 있다. 다시 말하면 교환 가치와 사용 가치 간에 구분이 없는 것이다. 가족에 의해서 소비되는, 그렇기 때문에 사용 가치를 갖는 재화는 시장에서 교환될 수도 있기에 교환 가치 역시 갖는다. 한편 자가생산되지 않는 재화의 경우에는 시장에서 구매한 동등한 재화로 대체되어야 할 것이다.

이런 이유로 농민의 자가소비는 관련자들의 수입으로 여겨지고, 국민계정에 생산으로 집계된다. 이때 발생하는 유일한 질문은 한 가족이 먹은 돼지고기를 원가로 평가해야 하는지 혹은 직접 생산하지 않았더라면 구입 시 지불했을 가격인 대체 가격으로 평가해야 하는지에 관한 것이다. 원가는 생산을 위해 착취되어야 했던 정도로 평가되고, 대체 가격은 상실한 소비 단위로 평가된다.

농업 가정에서처럼 소비자와 생산자가 하나일 때, 우리는 소비와 생산 간에 연속체가 존재한다고 인식한다. 소비하기 위해 밀을 기르고, 낟알로는 소비할 수 없기에 이를 제분하고, 밀가루로는 소비할 수 없기 때문에 굽는다. 그리고 이 중 어떤 공정도 다

른 공정 없이는 유용하지 않다. 이때의 목적
은 최종 소비다. 따라서 이 절차를 단절하는
일은 불합리하다. 그러나 이런 공정의 일부
를 생산으로 집계할 때 바로 이 불합리한 단
절이 발생한다. 예를 들어, 밀가루 생산까지
는 생산으로 집계하고 공정의 다른 부분, 가
령 제빵은 비생산적이라고 여기는 것이다.
자가소비되는 생산물에 동원되는 노동 전부
가 생산적이지 않다면, 이들 중 그 어떤 노동
도 생산적이지 않다. 이 마지막 가정이 불합
리한 이유는 설령 돼지고기를 소비하는 대
신 시장에서 교환할 수 있었다 하더라도, 그
경우 돼지고기 소비를 대체할 동등한 수준
의 식료품을 구매했어야 할 것이기 때문이
다. 단일경작을 하는 농부나 특히 자신이 소
비할 수 있는 것은 전혀 생산하지 않는 노동

자들에게 바로 이런 일이 일어난다. 이러한 사실은 모든 생산, 그리고 궁극적으로 소비의 목적을 흐린다. 상품이 소비되기 위해서는 두 차례의 교환을 거쳐야만 하기 때문이다(노동의 결과인 생산물 판매와 소비할 생산물의 구입). 생산-소비 연속체를 단절하는 것은 최종 목적인 소비를 이루기 위해 필요한 활동 중 일부가 비생산적이라는 사실이 아니라, 생산이 전문화되면 모든 생산의 최종 목적인 소비가 교환을 통해 매개된다는 사실이다.

따라서 농업 가정에서 이루어지는 자가소비의 예는 '생산적'이라고 불리는 활동(예를 들어 돼지를 기르는)과 '비생산적'이라고 불리는 집안일(앞서 기른 돼지를 익히는) 간에 본질적인 차이가 없음을 잘 보여준다.

요약하자면, 여성과 남성이 함께 만들어내는 사용 가치는 다음과 같다.

① 사용 가치는 사실상 교환 가치다. 여성과 남성은 소비와 교환에 필요한 우유, 달걀, 농작물 등을 생산해낸다. 얼마나 소비하고 얼마큼의 현금을 얻기를 원하느냐가 시장에 도달하는 생산물과 자가소비되는 생산물을 결정한다.

② 사용 가치는 생산으로 집계된다. (국내총생산에 포함된다.)

③ '생산적'인 사용 가치는 '비생산적' 즉 전적으로 가사노동에 의해 발생하는 사용 가치와 다르지 않다. 이 두 가치는 원재료 (가 되는 생산품)를 생산하고 가공하는 과정에 똑같이 포함되어 있으며(소비할 수 있

는 음식물을 생산하기 위해 똑같은 원재료를 사용한다), 똑같이 자가소비를 목적으로 삼는다.[5]

3. 자가소비를 목적으로 하고
    생산적이라 불리는 활동과
    자가소비를 목적으로 하되
    비생산적이라 불리는 가사노동 간에
    단절이 아니라 연속성이 있는 만큼,
    여성에 의해 무상으로 제공되는
    서비스와 상업화된 서비스도
    연속선상에 존재한다.

오늘날 원재료를 소비 가능한 형태로 가공하는 작업은 많은 부분 산업화되었다. 이 작업은 이전에는 가사 활동의 일부였다가 지금은 집 밖에서 실시되고 있다. 빵, 옷, 저장 식품을 만들어내는 일이 여기에 속한다. 이제는 제과점과 빵집, 방적 공장에서 이전까지 여성들이 무급으로 제공하던 노동을 판다. 이 제조는 생산으로 여겨지며 국내총생산에 공식적으로 집계된다. 여기 포함된 노동은 생산적이라고 간주되고, 이 노동을 하는 개인들은 생산자로 불린다. 여성의 무급 노동으로 인해 생겨난 결과물에는 적용되지 않았던 계산이다.

현재 이러한 생산의 대부분은 여성들에 의해 제공되지 않는다. 그러나 이런 형태의 생산은 가사, 요리, 아동 양육처럼 여전히 대체로 여성들에 의해 무상으로 행해지는 가사 내 생산과 본질적으로 다르지 않다. 노동의 무보수성이 노동의 성격에 의해서 달라지는 게 아니라는 사실은 여성들이 가정 밖에서 이 노동을 제공하면 급여를 받는다는 데서 증명된다.

이 서비스가 가정 내 여성들에 의해

서 제공될 수 없을 때, 가정에서는 '금전을 지불해서' 해당 서비스를 얻어야 한다.

사실 모든 가정 내 서비스는 시장에도 존재한다. 정육점과 식당에서는 준비된 음식을 제공하고, 탁아소와 보모는 아이 양육 서비스를 제공하고, 청소 회사와 가정 관리인은 가정 유지 노동을 제공하는 식이다.

식비는 가정 예산의 대부분(절반에서 80퍼센트까지)을 차지한다. 가정은 소비 가능한 형태의 음식을 구입하면서 식당이나 식료품점 등에서 일하는 이들이 원재료에 임금노동을 더해 창출한 부가가치를 지불하거나, 원형의 식재료를 구입한 다음 이를 소비 가능하도록 만드는 데 들어가는 노동을 더할 수 있다. 식비 부문의 지출은 대부분 원재료를 구입하는 데 쓰인다.

가정은 최종 제품을 생산하는 공장과 마찬가지로 최종적인 소비재를 자체적으로 생산한다고 할 수 있다. 이때 가정에서는 노동(가사노동), 기계(내구소비재), 원료(중간 단계의 생산물로서 생산자로부터 직접 구입한 것)를 필수적으로 활용한다. 이 세 가지 요소는 가정 내에서 자체적으로 일정량의 노동과 자본을 투여해 가공된다. 이를 고려할 때, 가정이 공장과 구분되는 유일한 지점은 가정이 생산(공장의 유일한 기능)에 소비 행위(공장에서 생산된 재화를 기반으로 가정이 자체적으로 행하는 생산의 목적)를 더한다는 점뿐이다(Wolfelsperger 1970).

자급 경제에서 발생한 생산이든 전문화된 경제 내에서 발생한 여타의 생산이든, 생산자에게 생산의 최종 목적은 소비다.(소비자에게 생산물의 최종 목적이 소비인 것과 마찬가지다.) 이때, 전문화된 생산 혹은 시장에서 노동력을 교환한 결과로서의 임금은 이 최종 목적을 성취하기에 충분하지 않다. 이 경우 소비라는 최종 목적은 다음의 두 단계를 통해 성취 가능하다. 첫 단계는 임금노동을 통해 소비할 원재료를 구입하는 것이고 다른 하나는 가사노동을 통해 이 원재료를 소비할 수 있는 형태로 가공하는 것이다.

따라서, 우리에게는 곧바로 소비 가능한 재화를 일정량 제공하는 내부의 노동과 금전적 소득을 만들어내는 외부의 노동이 있다. 그러나 이 금전 소득은 어떻게 활용되는가? 우리는 소득의 효용이 전통적인 이론에서처럼 금전이 허락하는 소비에 있다고 보지 않는다. 우리의 가설은 소득의 효능이 최종적으로 소비되는 재화의 생산에 기여한다는 데, 즉 소득을 통해 얻어진 자본재(원료와 내구소비재)가 생산에 기여하는 데 있다고 본다(같은 책).

그런데 이 부르주아 경제학자가 이야기하지 않은 것이 있다. 바로 대부분의 '가정'이 음식을 원재료 형태로 구입하기를 선호하는 까닭은 가사노동이 무료이고, 이 노동이 전적으로 여성에 의해서 제공되기 때문이라는 사실이다. 이러한 사실로써, 남편이 자신의 봉급으로 가사 전체의 소비를 책임지고 가정 주부는 '밥벌이를 하지 않는다'는 이데올로기는 반박될 수 있다.

1955년 프랑스에서 발생한 노동 시간은 총 1050억 시간으로, 그 가운데 430억 시간은 유급 노동에, 450억 시간은 무급 가사노동에 할애되었다(Dayre 1955). 그리고 이후 50년 동안 이 수치와 전체 시간 대비 특정 노동 유형의 비중은 바뀌지 않았다. 스웨덴 국민계정은 이 무급노동을 국내총생산에 포함했는데, 그 수치가 총생산의 5분의 1에 달했다.[6] 1958년 프랑스에서 기혼 여성들이 무급으로 가사노동을 실시한 시간은 주당 평균 60시간이었다(Girard 1958). 아이가 없는 경우 주당 35시간, 아이가 한 명인 경우 52시간, 아이가 둘인 경우 64시간, 셋인 경우

는 70시간에 달했다.[7]

결론적으로, 교환 영역에서 여성 노동이 제외되는 것은 노동에서 비롯한 생산의 성격 때문이 아니다. 왜냐하면 그들의 무상 노동은 다음에 해당하기 때문이다. ① 시장에 도달하고 거기에서 교환되는 재화 및 서비스 생산(농업, 가내공업, 상업) ② 가정 바깥에서 생산되었을 경우 보수를 받고 가정 내에서 생산되었을 경우 보수를 받지 않는 재화 및 서비스 생산. 그리고 이러한 특징은 그 성격이 무엇이든 간에 가정 내에서 이루어진 생산에 전체적으로 적용된다.

4. 오늘날 여성 노동력의 전유는

    가정 내 노동과 아동 양육을 통한

    착취(여성들이 무료로 제공하는

    노동)로 국한되는 경향이 있다.

산업화가 일어나면서, 가정은 몇 가지 분야를 제외하면 생산 단위로서의 기능을 박탈당했다. 산업화는 결국 시장을 위한 생산이 더는 가정 내에서 이루어질 수 없음을 의미했다.

그 결과, 이러한 생산에 아내 혹은 아이의 무상 노동은 더는 포함될 수 없게 되었다. 다른 말로 하면, 여성 노동은 교환이 예정된 생산이 가정 밖에서 일어난 직후부터 교환을 염두에 둔 생산 항목에 더 이상 들어가지 않았다. 이 생산 양식이 일반화되면서 아내의 노동을 교환할 수 있는 독립적인 노동자의 수는 줄어들었으나 이를 교환할 수 있는 임금노동자의 수는 늘어났다.

교환을 염두에 둔 모든 생산이 임금 체계에 기반해 이루어지는 분야에서 여성의 무상 노동은 이제 교환을 염두에 두지 않는 생산에만 제한적으로 적용된다. 더 정확히 이야기하면 가정 생산의 양식, 즉 여성의 무상 노동 착취는 더는 교환을 위한 생산에 적용될 수 없다. 그러나 여기에서 교환은 남편에 의한 것이라는 점을 짚고 넘어가야 한다. 여성의 농업 노동을 예로 들자면, 이 노동은 가정 내에서 이루어질 때에는 지불받지 못한다. 여성은 자신이 가정에서 생산한 결과물을 시장에서 교환할 수 없다. 즉 자기 노동력을 갖출 수 없다. 이에 대한 처분권을 가진

쪽은 남편으로, 남편만이 아내의 생산을 시장에서 교환할 수 있다. 마찬가지로, 가사 생산이 가정 내에서 이루어지는 한 여성은 그 결과물을 소유할 수 없고, 가정 바깥에서만 이를 교환할 수 있다. 이처럼 여성들의 생산물은 가정의 테두리 밖에서만 교환 가치를 가진다, 즉, 여성들 자신에 의해 교환될 수 있다. 산업화와 함께 가정 내 생산은 가사노동으로 축소되었다. 더 정확하게 말하자면, 여성이 무상으로 제공하는 생산으로 환원되는 것이 곧 가사노동이라고 불리게 되었다.

여성들의 노동력을 온전히 착취하는 일이 불가능해지자, 그 즉각적인 결과로 여성들은 임금 노동자로 산업에 진입하게 되었다. 1900년부터 경제 활동을 하는 여성의 비율은 오늘날과 같았다. 그러나 남편들에 의한 아내의 노동력 전유가 너무나 절대적이어서, 여성이 가정 바깥에서 노동을 했다고 하더라도 임금은 남편의 몫이 된다. 1907년부터 여성은 임금에 대한 법적 권리를 갖게 되었지만, 결혼 제도는 이를 무효화하고 결혼으로 생긴 공동체에 발생하는 모든 이득을 남편이 처분하도록 했다. 1965년 이전까지 여성의 모든 노동력은 전유되었고 남편은 여성이 집 밖에서 일하는 것을 막을 수 있었다.

1965년 이러한 규정이 폐지되면서, 아내가 자신의 노동력에 대한 권리를 일부 되찾았다고 볼 수 있다. 그러나 가정 바깥에서 일할 수 있는 자유를 얻어도 아내는 자유로워지지 않았다. 노동력의 다른 일부는 여전히 전유된 채였다. 아내가 '가족에 대한 의

무를 다해야' 하기 때문이다. 다른 말로 하면 아동 양육과 가정 내 노동을 무료로 제공해야 했기 때문이다. 외부의 노동은 가정 내 노동을 면제하기는커녕, 가정 내 노동에 해로운 영향을 미쳐서는 안 된다. 따라서 여성의 자유는 약간의 경제적 독립을 위해 이중 노동을 제공한다는 뜻에 다름 아니다. 가정 바깥에서 노동하는 기혼 여성의 상황은 노동력에 대한 관습적인 전유를 잘 드러내는 증거가 된다. 가정 내 노동 제공은 더는 '집에 있는' 여성이 예속되는 대신에 이루어지는 경제적 교환이라는 기만적인 주장으로 정당화될 수 없다. 가정 내 노동이 부양에 대한 대가로 이루어지며 부양이 곧 임금에 해당하고 따라서 가정 내 노동은 유급이라는 주장은 더 이상 성립하지 않는다. 노동하는 여성들은 스스로를 부양하며 따라서 아무 대가도 받지 않고 가정 내 노동을 제공한다.

이에 더해, 아내가 '밖에서' 일을 해서 얻은 소득을 계산할 때는 아동 양육비, 추가 세금과 같은 비용을 부부 소득 전체에서 비용으로 계산하는 대신 아내 소득에서 공제한다. 이를 통해 다음이 증명된다.

① 거주, 교통비 등과 같이 수익에서 공제되지 않는 소비와 달리 이 소비들은 원래 무료여야 했다고 여겨진다.

② 또한 이러한 소비는 원래 오로지 여성에 의해 생산되어야만 하는 것으로 여겨진다. 때문에 여성의 임금 일부는 무료로 제공되었어야 하는 것에 지불되므로, 없다고 간주된다.

이런 방식으로 계산을 마치면 여성은

'거의 아무런 소득도' 얻지 못한다는 사실이
도출된다.

    1968년 프랑스 집계에 따르면 기혼
여성의 37.8퍼센트가 가정 밖에서 일했다
(Rouxin 1970).

5. 이 자료를 통해 계급 분석 원칙의
   윤곽을 만들 수 있다.

우리 사회에는 두 가지 생산 양식이 존재한
다. 대부분의 상품은 산업 생산 양식을 통해
생산되며 가정 내 서비스, 아동 양육, 일부
상품은 가정 내 생산 양식을 통해 생산된다.

산업 생산 양식은 자본주의의 착취를
유발한다. 가정 내 생산 양식은 가정 내 착
취, 더 구체적으로는 가부장제의 착취를 발
생시킨다.

1970년, 1500만 명의 성인 남성 중
30만7000명의 남성이 가정 내 착취 관계
(가정부)에 종속되어 있었다. 대다수가 농업
에 종사하는 가정에서 가정 내 무보수 노동
을 제공한 이들이었다. 반면 모든 기혼 여성

은 가정 내 생산 양식의 착취를 경험한다. 이는 시기를 불문하고 성인 여성의 80퍼센트에 해당하는(오늘날 성인 여성의 90퍼센트 이상이 결혼했거나 내연관계에 있다) 수치다. 여성들은 가정 내에서 최소 아동 양육 혹은 가정 내 서비스를 무급으로 제공한다. 남성이 겪는 가정 내 착취의 기반이 되는 미성년 혹은 막내의 지위가 일시적인 반면 여성의 경우 같은 지위가 평생 지속된다. 이에 더해 가정부 남성은 남성으로서 착취당하는 것이 아니지만 여성은 여성으로서 즉 아내로서 착취당한다. 농업, 수공업, 상업에서는 가정 내 구성원이라면 성별에 상관없이 무료 노동을 요구받는 반면, 무급 가사노동은 가장의 아내인 여성에게만 요구된다.

가정이 시장을 위한 생산 단위일 때

(농부, 장인, 상인의 아내는 1970년 '성인' 여성 1550만 명 가운데 100만 명이었다) 여성 노동의 전유는 가정 내 모든 생산에 적용된다. 노동 전유가 오직 가사에만 적용되는 경우는 가족이 시장에 직접 생산물을 제공하지 않을 때다(임금노동자의 아내).

여성의 노동력은 시장 생산을 제공하는 가정의 경우 전적으로 전유되고, 임금노동자의 아내인 여성이 바깥에서 일하지 않는 경우에도 전적으로 전유되며, 여성이 바깥에서 일할 경우 부분적으로 전유된다.(1970년경 여성의 37.8퍼센트가 '경제활동' 인구였지만 이 수치로부터 농부, 장인, 상인의 아내, 즉 가정부의 수 80만 명을 제해야 한다.)

따라서 기혼 여성 대부분은 독립적

소득을 가지지 않은 채 부양을 대가로 일한다. 이러한 생산 양식과 자본주의 임금 생산 양식 간의 차이는 노동에 대한 수당의 양이나 임금과 부양 간의 가치 차이보다는 생산 관계 자체에서 기인한다.

임금노동자는 제공하는 업무에 따라 다른 고정 급여에 자신의 노동력을 판매한다. 이때의 업무 역시 정해진 총량(노동 시간)과 유형(직능)에 따라 고정되어 있다. 급여와 업무 간 등가관계는 일종의 고정된 가격표(즉, 자본주의 체계의 시장에서 노동에 대해 형성된 전반적인 수요와 공급에 매겨진 가격)에 따라 결정된다. 이 가격표를 정하는 건 당사자들의 선의가 아니다. 고용주와 피고용인이 누구인가는 계약 사항에 영향을 미치지 않으며 개인들은 대체될 수 있다. 제공되는 노동은 보편적인 가치를 가지며, 고용인이 구입하고 임금노동자가 현금화하는 것은 바로 이 가치다. 노동자는 다른 곳에서도 노동력을 판매할 수 있기 때문이다. 구체적으로 그 종류가 정해진 노동이 판매되는 것이므로, 임금노동자는 노동 시간을 늘리거나 질을 개선하여 수익을 늘릴 수 있다.

　　이와 반대로, 기혼 여성의 업무는 구체적으로 정해져 있지 않으며, 고용자인 남편의 의지에 달려 있다. 업무에 따른 노동 역시 고정된 가격표에 따라 보상받지 않는다. 여성이 받는 부양은 그가 수행하는 노동이 아니라 남편의 선의 혹은 부에 달려 있다. 예를 들어 세 아이를 키우는 같은 노동을 하더라도, 노동자의 아내와 사장의 아내가 받는 부양은 극단적으로 차이가 날 수 있다. 반대로 같은 부양을 받더라도 여성은 남편의 필요에 따라 상이한 종류의 노동을 제공하게 된다. 가령, 부르주아의 아내는 사회적 체면 유지라는 업무를 제공함으로써 가정 내 노동의 업무는 더 적게 수행한다. 제공한 노동과 무관하게 보상받기 때문에, 여성들은 삶의 질을 높이기 위해 서비스를 개선할 수 있는 자원을 가지고 있지 않다. 그들에게 유일한 해결책은 더 부유한 남성에게 같은 서비스를 제공하는 것이다. 상향혼을 향한 경주는 여성 노동의 무가치성에서 논리적으로 도출된 결과라 할 수 있겠다. 그러나 생산수단을 소유한 계급에 속한 남성과의 결혼으로 여성의 삶의 질이 올라갈 수 있다 해도, 이것이 여성을 그 계급에 속하게 해주지는 못한다. 여성은 스스로 생산수단을 소유하지 못하기 때문이다. 따라서 여성의 삶의 수준은 프롤레타리아와 계급 생산과의 관계가 아닌 남편에 대한 예속 생산 관계에 달려 있다. 부르주아 여성의 결혼 관계가 끝나는 경우, 압도적인 수의 여성이 임금노동자로서 밥벌이를 하게 된다. 이로써 그들은—나이와 직업 교육의 부재라는 추가적인 불리를 경험하면서—마침내 원래 그들이 속한 계급이라 할 수 있는 프롤레타리아로 거듭나게 된다.

여성 노동의 무가치성은 이렇듯 제공한 서비스와 제공받는 부양이 서로 무관하다는 점에서 확인할 수 있다. 이 무가치성은 여성이 자신의 노동을 '교환'할 수 없는 데서 기인한다. 노동을 교환할 수 없는 것은 고용인을 바꾸기가 불가능하기에(특정한 해에 재혼하는 이혼 여성과 직장을 바꾸는 노동자의 수를 비교하면 충분할 것이다) 나타나는 결과다. 이 계약은 여성이 적절한 서비스를 지속적으로 제공(아이 양육 등)한다 해도 일방적으로 해지될 수 있다.(양육비 정도가 겨우 위자료로 지급되는데, 위자료 자체가 지급되지 않을 수도 있다.)

요약하면, 임금노동자가 시장에 의존하는 데 반해(이론적으로는 이 시장의 고용자 수는 무한하다) 기혼 여성은 개인에 의존한다. 임금노동자는 자신의 노동력을 판매하는 데 반해 기혼 여성은 노동력을 제공하는데, 이 배타성과 무상성은 긴밀히 얽혀 있다.

6. 결혼이라는 총체적이고도 개인적인 관계하에서의 노동 무상 제공은 예속 관계를 구성한다.

프랑스에서 25세 이상 여성의 10퍼센트 미만만이 독신이라는 점에서 미루어 보면, 모든 여성이 일생의 어떤 시점에는 결혼할 확률이 매우 높고, 따라서 모든 여성이 특정한 생산 관계에 들어갈 수밖에 없다. 이 생산 관계에 확실하게 영향을 받는 집단으로서 여성들은 하나의 계급을 구성한다. 태어나면서부터 이 계급에 속하도록 운명 지어진 범주로서 보자면 여성들은 하나의 카스트를 이룬다.[8]

결혼 관계에 깃든 노동 전유와 착취는 모든 여성이 경험하는 공통의 억압이다.

'누군가의' 아내가 된다는 운명을 가진 존재로서 공통의 생산 관계에 속할 수밖에 없는 여성들은 따라서 단 하나의 계급만을 구성한다. 한편 여성들은 자본주의 생산 관계에 참여하면서 다른 생산 관계에도 진입한다. 1970년, 대략 590만 명의 여성이 자본주의 생산에 참여했는데 그 가운데 516만 명의 여성이 임금노동자였으며 67만5000명은 독립적인 노동자였다. 프랑스 전역에서 약 1만1000명의 여성이 '산업 부문'에 종사했다. 이들 중 극히 소수는 자본가 계급에 속했으나, 노동자 여성의 대다수가 프롤레타리아 계급에 속해 있었다. 이 계급 내부에서 또다시 여성들이 과잉 착취되는 '카스트'가 구성되어 있었음은 주지의 사실이다.

　　이 과잉 착취는, 여성으로서의 특수

한 착취에 내밀하게 연관되어 있다.

앞선 논증에 비추어 보면 부르주아의 아내를 부르주아라고 부르는 것은 플랜테이션 농장주의 노예를 농장주라고 부르는 것과 다름없는 일이다. 그러나 이런 표현은 일상적이다. 마찬가지로, 노동자의 아내와 (여성) 노동자도 흔히 혼동된다. 이는 여성에 한해서는, 그들이 속한 계급이 때로는 계급에 대한 마르크스주의적인 정의―생산에 대한 관계―에 의해, 때로는 아내를 남편의 재산 혹은 남편의 연장으로 보는 시각에 의해 결정된다는 뜻이다.

그러나 흔히 그러하듯 자본주의 생산양식만을 고려하고 여성들에게 남성과 같은 기준을 적용한다면, 가정 밖에서 일하지 않는 여성들은 결국 (프롤레타리아-자본가)

계급 체계의 바깥에 자리한다. 이 여성들을 계급 체계에 복귀시키기 위해서는 비마르크스주의적 기준—남편의 계급—에 따라 계급을 결정할 수밖에 없다.

> 사회는 계급으로 나뉘고 여성들은 계급 밖에 위치하지 않으므로, 각 여성의 운명은 해당 사회 범주와 계급에 속한 다른 여성 및 남성의 운명과 일치한다(프랑스 공산당PCF, 1970).

이는 여성들이 남편의 계급에 속하는 것으로 간주함으로써, 그들이 엄밀히 말하자면 남편과 다른 계급에 속한다는 사실을 차폐하려는 것이다. 결혼이 자본주의 체계의 생산 관계를 대신하여 자본주의 체계 계급의 소속 기준으로 작용하는 듯 굴 때, 다른 생산 체계의 존재 그리고 이 체계 안에서는 생산 관계가 남편과 아내를 적대적 계급으로 구성한다는 (즉 한쪽이 다른 쪽을 착취하여 물질적 이익을 취한다는) 사실은 은폐된다. 결국 아내를 남편의 재산으로 정의함으로써 계급 체계에 '복귀'시키는 일의 목적은 아내가 '바로' 남편의 재산임을 은폐하는 것이다.

만일 우리가 여성들이 반자본주의 투쟁에 참여하기만을 바란다면, 여성들이 임금노동자로서 생산에 속해 있으므로 그들 중 대부분(일하는 여성 열 명 중 아홉 명)이 객관적으로 투쟁에 관여되어 있음을 증명하기만 하면 된다. 반면 여성들에게 남편의 계급을 부여한다면, (자본주의 생산에 속하지 않는) 부르주아 계층의 여성들은 적대시된다. 따라서, 문제는 모든 여성을 반자본주의 투쟁에 끌어들이는 것이 아니라 비자본주의적 생산 체계의 존재를 부인하는 것이다. 이러한 생산 체계의 존재를 부인한다면 이 체계만의 특정한 생산 관계의 존재를 부인하는 것과 다름없고, 따라서 당사자 여성들이 이러한 생산 관계에 저항하는 가능성을 차단하는 셈이다. 그러므로 이는 무엇보다 가정 내 서비스의 가부장적 생산 양식, 즉 여성에 의한 서비스 무상 제공을 유지하는 문제다. 이러한 관점에서 1970년 프랑스 공산당의 주장과 레닌의 다음 권고문을 비교해보면 흥미롭다.

진정한 공산주의는 바로 진정한 여성 해방으로부터만 시작될 수 있으며, 가정 내 소경제에 대항하여 (권력을 지닌 프롤레타리아가 이끄는) 대중의 투쟁이 시작되는 순간에, 더 정확히는 이 소경제가 거대한 사회주의 경제로 전환되는 순간에야 시작될 수 있을 것이다(Zetkin 1934).

한편 프랑스 공산당의 해결책은?

모든 가정에 오늘날 가정 내 노동의 기계화를 가능케 하는 가전제품을 보급한다(PCF 1970).

프랑스 공산당이 본 고용주와 공권력의 의무는?

> 여성 노동자의 가정 내 어머니로서의
> 일을 용이하게 하기(PCF 1970).

레닌:

> 우리 동지 가운데, 안타깝게도 많은
> 이가 다음 문장에 해당한다. "공산주
> 의자를 조금 긁어내면 그 안의 속물
> 을 만나게 될 것이다." 여자들이 자신
> 의 시간과 노동력을 잡아먹는 단조롭
> 고 극도로 피로한 노동인 집안일을 하
> 느라고 스스로를 혹사하는 걸 남자들
> 이 팔자 좋게 바라보고 있는 것이 가
> 장 명백한 증거이지 않겠는가. (…) 심
> 지어 프롤레타리아 중에서도 부인의
> 고통과 걱정을 경감해줄 생각을 한다

거나 적어도 '여성적인 노동'을 도움
으로써 그 짐을 덜어주려는 남편은 거
의 없다(Zetkin 1934).

프랑스 공산당:

가정 내에서 어려움과 피로를 동등하
게 나누는 문제는 평등에 대한 제한된
이해를 보여준다(PCF 1970).

정치적 관점

결론적으로, 가부장제 착취는 여성들에게 특수하고도 핵심적인 공통 억압을 만들어 낸다. 이때 억압이 '공통적'인 까닭은 이 억압이 모든 기혼 여성(시기에 상관없이 여성의 80퍼센트)에게 적용되기 때문이고, '특수'한 까닭은 가정 내 무급노동을 제공할 의무가 여성에게만 주어지기 때문이며, '핵심적'인 까닭은 여성들이 '밖'에서 일을 할 때조차, 이들이 속한 계급은 여성으로서 겪는 착취에 의해 조건화되기 때문이다.

　　생산수단 소유에 대한 여성의 접근은 결혼 제도(1968년까지)와 유산 상속 관습(여성이 생산수단의 소유주인 경우, 대부분 외동딸이거나 남편이 사망했다)을 통해 제한된다.

또한 여성들이 임금노동으로 얻은 이득은 여성들이 해야만 하는 무급 서비스의 금전적인 가치를 공제함으로써 무효화된다. 이들은 스스로 무급으로 제공했어야 하는 서비스의 대체 서비스를 돈을 지불하고 구매해야 하는 것이다.

가부장제의 착취는 여성들이 직업을 수행하는 물적 조건을 다음과 같이 결정짓는다.

> » 여성이 노동할 가능성조차 '가족의 의무'를 우선 충족했는지 여부로 조건화된다. 그 여부에 따라 바깥에서의 노동이 불가능해지거나 가정 내 노동에 추가된다.

» 가족의 의무는 자본주의가 가정 밖
노동에서 여성을 착취하기 위한 구실
혹은 그를 위해 설치한 장애물로 작
용한다.

이 글에서 여성의 생산력 착취와 재생
산력 착취 문제 간의 관계를 연구하기
는 불가능했다. 재생산 통제는 여성에
대한 물질적 착취 가운데 또 다른 거
대한 양상인 성적 착취의 원인이자 수
단으로서, 여성 억압의 두 번째 구성
요소로 자리한다. 왜 그리고 어떻게
이 두 종류의 착취가 서로를 조건화하
고 강화하는지 그리고 가족이라는 같
은 틀과 제도적 수단을 공유하는지 알
아내는 일이 최우선으로 여성해방운
동의 이론적 목표가 되어야 한다.

이 분석은 가부장제와 자본주의 간의 관계를 연구할 때의 전제조건으로 작용한다. 가부장제가 자본주의와 어떻게 이론적으로 별개인지 이해하기 위해서는 가부장제의 구성 요소를 알아야 한다. 그래야만 가부장제와 자본주의 체계가 역사적으로 별개로 취급되었음을 이해하고, 반가부장제적이고 반자본주의적인 투쟁을 물질적으로 명료하게 구성할 수 있다. 이 과정에서 입증되지 않은 위계 이론을 기반으로 삼거나/삼고 이데올로기적인 의지주의가 작동한다면, 우리는 당장은 정치적 비효율성과 이론적 혼란에 부딪히고 장기적으로는 역사적 실패를 마주할 수밖에 없다.

이러한 분석에 뒤이어 가부장제와 자본주의라는 착취 체계 속 개인들의 객관적인 이익에 대한 계급 통합적인 분석 역시 필요하다. 이런 분석은 단기적으로는 즉각적 투쟁으로의 결집을 도모하는 데 필수적이고, 장기적으로는 혁명을 위한 투쟁에서 반가부장제 투쟁과 반자본주의 투쟁의 역동을 어떻게 만나게 할 수 있을지 고려하는 데 필수적이다.(물론 이는 투쟁이 진행됨에 따라 지속적 자료 수정이 필요한 연구 주제다.)

즉각적으로 우리가 할 수 있는 주장은 가부장제의 생산 및 재생산 체계를 총체적으로 파괴하지 않고는 여성 해방이 이루어질 수 없다는 것이다.

존재하는 모든 사회의 중심을 차지하는 이 체계로부터의 해방은 모든 사회 기반의 총체적인 전복을 함축한다. 전복은 혁명, 즉 정치 권력의 쟁취 없이는 이루어지지 않을 것이다.

    권력의 쟁취는 여성해방운동의 궁극적인 목적이며, 운동은 혁명을 위한 투쟁에 대비하는 방식으로 이루어져야 한다.

    결집의 기반이 가부장제가 행하는 억압이기에 가부장제에 의해 억압받는, 따라서 가부장제의 파괴에 이해관계가 결부된 모든 개인, 즉 모든 여성을 포함해야 한다. 운동을 위한 결집에 있어 같은 체계하에서 억압받은 모든 개인의 연대가 강조되어야 한다. 이를 위해서는 다음에 집중해야 한다.

> » 허위의식, 가부장제 계급보다 자본주의 계급에 의해 결정되는 계급의식 그리고 이런 맥락에서 대립하는 가부장제 계급에 동일시하는 문제에 맞서기.

» 이러한 허위의식이 가부장제의 이해
관계에 복무하는 방식과 투쟁에 해를
입히는 양상을 드러내기.

그리고 다른 집단—혁명을 위한 또 다른 집
단, 운동 혹은 정당—과 즉각 정치적, 전술적
동맹을 맺어야 한다. 이 동맹은 해당 집단을
운동의 목표에 명료하게 포섭하는 방식으로
이루어져야 한다. 이를 위해서 해당 집단은
가부장제 파괴에 대한 의지를 명확히 그리
고 공식적으로 천명하고, 이 파괴를 끝까지
이뤄내고자 하는 혁명적 전투에 실질적으로
참여해야 한다.

주

1   여성들은 억압에 책임이 없고 피해자라는, 억압을 유지하기
    위해서 동원되는 허위의식과 소외의 기제를 말한다.

2   또한 1970년 5월 모니크 위티그가 『L'idiot international』에
    '여성해방운동을 위하여'를 기고했다. 여기서 여성의 예속
    노동이 특히 강조되어 있다.

3   프랑스 남서부의 독신 농민 미셸 어머니의 개인 서한.

4   Modef. '가족 경작을 보호하는 운동'으로, 1970년대 프랑스
    공산당하의 소규모 농업인운동이었다.

5   에르네스트 만델은 『Traité d'économie
    marxiste』(1962)에서 교환 가치와 사용 가치라는 용어가
    성격도, 본질적 가치도, 다양한 생산에 포함된 노동의 생산성도
    의미하지 않으며 그저 그 활용에 따라, 달리 말해 즉시
    소비되느냐 교환에 의해서 매개되느냐를 일컬을 뿐이라고 말한
    바 있다.

6   추정 기준은 알려져 있지 않다.

7   통계청의 '시간 활용'에 관한 최근 조사에 따르면, 수치는
    1985년에도 같았다.

8   놀랍게도 프랑스에서 여성은 아내의 동의어다. 이와 비슷하게
    노예(Slave)는 슬라브(Slave) 민족의 이름에서 왔다. 슬라브
    민족 대부분이 노예가 되면서 해당 단어는 노예의 동의어가
    되었다(Littre 1958, *Dictionnaire de la langue
    française*, Paris, Hachette).

참고문헌

Acker, J. (1973), 『Women and social stratification : a Case of Intellectual Sexism』, *American Journal of Sociology*, n° 78, p. 936-945.

Adams, R. N. (1971), 『The Nature of the Family』, *in* J. Goody (ed.), *Kinship*, Harmondsworth, Penguin.

Adlam, D. (1979), 『Into the Shadows』, *Red Rag*, n° 14.

Alzon, C. (1973), *La femme potiche et la femme bonniche*, Paris, Maspero.

Allauzen, M. (1967), *La paysanne française d'aujourd'hui*, Paris, Gonthier.

Archer, M. Scotford and Giner, S. (eds.), (1971), *Class*, *Status and Power*, London, Weidenfeld and Nicolson.

Barker, D. Leonard and Allen, S. (eds.) (1976a), *Sexual Divisions and Society*, London, Tavistock.

Barker, D. Leonard and Allen, S. (eds.) (1976b), *Dependence and Exploitation in Work and Marriage*, London, Longman.

Barrett, M. and McIntosh, M. (1979), 『Christine Delphy, Towards a Materialist Feminism?』, *Feminist Review*, n° 1.

Barron, R. and Norris, G. (1976), 『Sexual Divisions and the Dual Labour Market』, in Barker and Allen (eds.), *Dependence and Exploitation in Work and Marriage*, London, Longman.

Bastide, H. (1969), 『Les rurales』, *La Nef*, n° 38.

Bastide, G. et Girard, A. (1959), 『Le budget-temps de la femme mariée à la compagne』, *Population*.

de Beauvoir, S. (1949), *Le deuxième sexe*, Paris, Gallimard.

Becouarn, M.-C. (1972), *Le travail des femmes d'exploitants dans l'agriculture et l'évolution des techniques*, thèse de 3e cycle, Tours.

Beechey, V. (1977), 『Some Notes on Female Wage Labour in Capitalist Production』, *Capital and Class*, n° 3.

Beechey, V. (1979), 『On Patriarchy』, *Feminist Review*, n° 2.

Beechey, V. (1980), 『Patriarchy, Feminism and Socialism』, contribution in *the Jornadas de estudio sobre el Patriarcado*, Barcelon. Ronéoté.

Benston, M. (1969), 『The Political Economy of Women's Liberation』, *Monthly Review*, 21, n° 4. Réédité in Tanner, L. B. (éd.) (1970), *Voices from Women's Liberation*, New York, Signet Books.

Bernstein, B. (1975), *Langage et classes sociales, codes socio-linguistiques et contrôle social*, Paris, Minuit.

Bettelheim, B (1954), *Symbolic Wounds*, Glencoe, Free Press.

Bird, C. (1969), *Born Female*, New York, Pocket Books.

Bland, L. Brunsdon, C. Hobson, D. and Winship, J. (1978), 『Women Inside and Outside the Relations of Production』, *in* CCCS, *Women Take Issue*, London, Hutchinson.

Bloch, M. (1964), *Les caractères originaux de l'histoire rurale française*, Paris, Armand Colin.

Blood, R. O. and Wolfe, D. M. (1960), *Husbands and Wives, the Dynamics of Married Living*, Glencoe, Free Press.

Boigeol A., Commaille, J. and Roussel, L. (1975), 『Enquête sur 1000 divorces』, *Population*.

Bottomore, T. B. (1965), *Classes in Modern Society*, London, George Allen and Unwin.

Boudon, R. (1979), *L'inégalité des chances : la mobilité sociale dans les sociétés industrielles*, Paris, A.

Colin (1re édition 1973).

Bouglé, C. (1975), *Les idées inégalitaires : étude sociologique*, Paris, F. Alcan (1re édition 1899).

Bourdieu, P. (1972), ⌈Les stratégies matrimoniales⌋, *Annales, Économies, Sociétés, Civilisations*, n° 4-5, juillet-octobre.

Bourdieu, P. et Passeron J.-C. (1964), *Les héritiers*, Paris, Minuit.

Bourgeois, F., Brener, J., Chabaud, D., Cot, A., Fougeyrollas, D., Haicault M., and Kartchevsky-Bulport, A. (1978), ⌈Travail domestique et famille du capitalisme⌋, *Critique de l'économie politique*, série n° 3.

Bujra, J. (1978), ⌈Introductory, Female Solidarity and the Sexual Division of Labour⌋, *in* P. Caplan and J. Bujra (eds.), *Women United : Women Divided*, London, Tavistock.

Cazaurang, J.-J. (1968), *Pasteurs et paysans béarnais*, Pau, Marimpouey.

Chester, R. (1973), ⌈Divorce and the Family Life Cycle in Great-Britain⌋, communication au 13th séminaire annuelle du Committee on Family Research of the ISA, Paris, polycopié.

⌈Les chimères⌋ (1974), ⌈Et mon instinct maternel⌋, *Les Temps modernes*, n° 333-334. *Code civil français*, Librarie Dalloz, Paris (1970, 1974, 1978).

Cousins, M. (1978), ⌈Material Arguments and Feminism⌋, *m/f*, n° 2.

Dalla Costa, M.R. and James, S. (1973), *Le pouvoir des femmes et la subversion sociale*, Genève, Librairie Adversaire.

Davis, E. Gould (1973), *The First Sex*, London, Dent.

Dayre, D. in *Études et Documents du Centre de recherches économiques et sociales*, mai 1966.

Delphy, C. (1969), ⌈Le patrimoine ou la double circulation des biens dans l'espace économique et le temps social⌋, *Revue française de sociologie*, n° spécial sur les faits économiques.

Delphy, C. (1992), ⌈Féminisme et recomposition à gauche⌋, *Politis, la revue*, n° 1, hiver.

Delphy, C., Armengaud, F. et Jasser G. (1994), ⌈Une offensive majeure contre les études féministes⌋, *Nouvelles Questions Féministes*, vol. 15, n° 4, à paraître dans Delphy, C., *Chroniques féministes*, Syllepse, 2009.

Douglas, C. A. (1980), interview de Christine Delphy et Monique Wittig, *Off Our Backs*, 10, n° 1, p. 6.

Duchen, C. (1983), ⌈French Feminism since 1968, a study in politics and culture⌋, PhD thesis, New York University.

Duchen, C. (1984), ⌈What's the French for political lesbian ?⌋, *Trouble and Strife*, n° 2.

Duvall, E. M. (1957), *Family Development*, New York, Lippincott.

Edholm, F., Harris, O. and Young, K. (1977), ⌈Conceptualising Women⌋, *Critique of Anthropology*, n° 9/10.

Eisenstein, Z. (ed.) (1979), *Capitalist Patriarchy and the Case for Socialist Feminism*, New York, Monthly Review Press.

Engels, F. (1884/1972), *The Origin of the Family, Private Property and the State*, avec une introduction de E. B. Leacock, London, Lawrence and Wishart.

Féministes révolutionnaires (1977), ⌈Justice patriarcale et peine de viol⌋, *Face-à-femmes*, Alternatives n° 1.

Ferchiou, S. (1968), ⌈Differentiation sexuelle de l'alimentation au Djerid (sud tunisien)⌋, *L'homme*, 1er trim.

Feyerabend, P. (1979), *Contre la*

méthode, Paris, Le Seuil.

Finch, J. (1983) *Married to the Job, Wives' Incorporation in Men's Work*, London, George Allen and Unwin.

Firestone, S. (1971) *The Dialectics of Sex*, London, Jonathan Cape.

Flaubert, G. (1995), *Trois contes*, Paris, Le Seuil.

Galbraith, J. K. (1973) *Economics and the Public Purpose*, London, André Deutsch.

Galbraith, J.K. (1973), 『The Economies of the American Housewife』, *The Atlantic Monthly*, août.

Gardiner, J (1975), 『Women's Domestic Labour』, *New Left Review*, n° 89, janv.-fév.

Gilissen, J. (1959), 『Le privilège du cadet ou droit de maineté dans les coutumes de la Belgique et du nord de la France』, in *Mélanges Pétot, Études d'histoire du droit privé*, éd. Montchrestien.

Gillott, P. (1974), 『Confessions of an ex-Feminist』, *Cosmopolitan*.

Girard, A. (1958), 『Budget-temps de la femme mariée dans les agglomérations urbaines』, *Population*, n° 4.

Girard, A. (1958), 『Budget-temps de la femme mariée à la campagne』, *Population*, n° 2.

Girard, A. (1961), *La Réussite sociale en France*, Paris, Presses Universitaires de France.

Girard, A. (1964), *Le Choix du conjoint*, Paris, Presses Universitaires de France.

Goode, W. J. (1956), *Women in Divorce*, New York, Free Press.

Guillaumin, C. (1992), *Sexe, race et pratique du pouvoir : l'idée de nature*, Paris, Côté-femmes.

Habbakuk, H. O. (1968), 『Family Structure and Economic Change in 19th Century Europe』, in N. Bell and E. Vogel, *The Family*, New York, MacMillan, The Free Press.

Hanmer, J. (1978), 『Violence and the Social Control of Women』, in G. Littlejohn et al. (eds.), *Power and the State*, London, Croom Helm.

Harding, S. (1991), *Whose Science ? Whose Knowledge ?*, Buckingham: Open University Press.

Hartmann, H. (1974), 『Capitalism and Women's Work in the Home, 1900-1930』, PhD thesis, University of Yale.

Hays, H. R. (1965), *The Dangerous Sex*, London, Pocket Books.

Hennequin, C., de Lesseps, E. et Delphy, C. (Quelques militantes) (1970), 『L'interdiction de l'avortement, exploitation économique』, *Partisans*, n° 54-55, n° spécial 『Liberation des femmes, annees zero』, nov.

Himmelweit, S. and Mohun, S. (1977), 『Domestic Labour and Capital』, *Cambridge Journal of Economics*, 1, n° 1.

Insee (1973) *Principaux resultats de l'enquete permanente de 1971 sur les conditions de vie des menages*, n° 82.

Irigaray, L. (1974), *Speculum de l'Autre Femme*, Paris, Minuit.

Jackson, J. A. (ed.) (1968), *Social Stratification*, Cambridge, Cambridge University Press.

Jousselin, B. (1972), 『Les choix de consommation et les budgets des ménages』, *Consommation*, janv.-mars.

Kandel, L. (1980), 『Journaux en mouvements, la presse féministe aujourd'hui』 et 『Post-Scriptum, une presse "antiféministe" aujourd'hui : "Des femmes en mouvements"』, *Questions féministes*, n° 7.

Kooy, G. A. (1959), *Echtscheidingstendenties in 20ste eeuws Nederland inzonderheid ten plattelande*, (Divorce Trends in the Rural Areas of the

Netherlands in the Twentieth Century), Assen, Van Gorcum.

Laot, J. (1981), *Stratégie pour les femmes*, Paris, Stock.

Larguia, I. (1970), 「Contre le travail invisible」, *Partisans*, n° 54-55.

Larguia, I. and Dumoulin, J. (no date, about 1973), *Towards a Science of Women's Liberation*, Red Rag pamphlet, n° 1.

Leclerc, A. (1974), *Parole de femme*, Paris, Grasset.

Léger, D. (1976), 「Questions sur le travail domestique」, *Premier Mai*, n° 1.

Lénine, V. I., *Œuvres*, vol. xxiv, Moscou.

Le Roy Ladurie, E. (1972), 「Structures familiales et coutumes d'héritage」, *Annales, Economie, Sociétés, Civilisations*, n° 4-5, juillet-octobre.

Lewis, J. (1981), 「The Registration of "MLF" in France」, *Spare Rib*, n° 108.

Lilar, S. (1969), *Le malentendu du deuxième sexe*, Paris, PUF.

London, J. (1948), 「Le païen」, *Contes des mers du Sud*, Paris, Hachette.

Löwy, M. (1985), *Paysages de la vérité : introduction à la sociologie critique de la connaissance*, Paris, Anthropos.

McAffee, K. and Woods, M. (1969), 「Bread and Roses」, *Leviathan*, n° 3. Réédité *in* Tanner (ed.), *Voices From Women's Liberation*, New York, Signet Books.

McDonough, R. and Harrison, G. (1978), 「Patriarchy and the Relations of Production」, *in* A. Kuhn and A.-M. Wolpe (eds.), *Feminism and Materialism*, London, Routledge and Kegan Paul.

Mainardi, P. (1970), 「The Politics of Homework」, *in* Tanner (ed.), *Voices From Women's Liberation*, New York, Signet Books.

Mandel, E. (1962), *Traité d'économie marxiste*, Paris, Julliard, *10/18*.

Marceau, J. (1976), 「Marriage, Role Division and Social Cohesion, the Case of Some French Middle Class Families」, *in* Barker and Allen (eds), *Dependence and Exploitation in Work and Marriage*, London, Longman.

Marczewski, J. (1967), *Comptabilité nationale*, Paris, Dalloz.

Mathieu, N.-C. (1991), *L'anatomie politique : catégorisations et idéologies du sexe*, Paris, Côté-femmes.

Mead, M. (1950), *Male and Female*, en français *L'un et l'autre sexe*, Gonthier, (1966).

Milhau, J. et Montagne, R. (1968), *Économie rurale*, Paris, PUF (coll. 「Themis」).

Mitchell, J. (1975), *Psychanalyse et politique*, Paris, Des Femmes.

Molyneux, M. (1979), 「Beyond the Domestic Labour Dispute」, *New Left Review*, n° 16.

Montagu, A. (1952), *The Natural Superiority of Women*, New York, Macmillan.

Murdock, G. B. (1949), *Social Structure*, New York, Macmillan.

Naville, P. (1971), 「France」, *in* Archer and Giner (eds.).

Nouacer, K. (1969), 「Maroc, la segregation」, *La Nef*, n° 38, oct.-déc.

Olah, S. (1970), 「The Economic Function of the Oppression of Women」 *in* S. Firestone and A. Koedt (eds.), *Notes From the Second Year*, New York : Notes from the Second Year.

Parti communiste français (1970), *Les communistes et la condition de la femme*, Paris, Éditions sociales.

Perrot, M. (1961), *Le mode de vie des familles bourgeoises*, Paris, Colin.

de Pisan, A. and Tristan, A. (1977), *Histoires du MLF*, Paris, Calmann-Levy.

Pedinielli-Plaza, M. (1976), 「Différence de sexe et réalité des femmes」, brochure.

Plaza, M. (1977), 「Pouvoir "phallomorphique" et psychologie de "la femme"」, *Questions Féministes*, n° 1. Traduit in *Ideology and Consciousness*, n° 3 (1978).

Righini, M. (1974), 「Etre Femme enfin !」, *Le Nouvel Observateur*, 15 mars.

Rich, A. (1980), 「Compulsory Heterosexuality and Lesbian Existence」, *Signs*, 5, n° 4. En français 「La contrainte à l'hétérosexualité et l'existence lesbienne」, *Nouvelles Questions Féministes*, 1981, n° 1, mars.

Rouxin, C. in *Populations et Sociétés*, n° 23, mars 1970.

Rubin, G. (1975), 「The Traffic in Women, Notes on the "Political Economy" of Sex」, *in* R. R. Reiter (ed.), *Toward an Anthropology of Women*, New York, Monthly Review Press.

Seccombe, W (1974), 「The Housewife and the Labour under Capitalism」, *New Left Review*, n° 83, p. 3-24.

Sahlins, M. (1974), *Stone Age Economics*, London, Tavistock.

Silvera, J. (1975), *The Housewife and Marxist Class Analysis*, Seattle, Wild Goose Pattern. de Singly, F. (1987), *Fortune et infortune de la femme mariée*, Paris, PUF.

Stoetzel, J. (1948), 「Une étude du budget-temps de la femme dans les agglomérations urbaines」, *Population*, n° 1.

Sturgeon, T. (1960), *Venus Plus X*, New York, Pyramid Books.

Tanner, L. B. (ed.) (1970), *Voices From Women's Liberation*, New York, Signet Books.

Terray, E. (1972), *Le marxisme devant les sociétés primitives*, Paris, Maspero.

Veblen, T. (1899), *Theory of the Leisure Class*, en français *Théorie de la classe de loisir*, Paris, Gallimard, 1970.

Weitzman, L. (1985), *The Divorce Revolution*, New York/London, The Free Press/Collier MacMillan.

Wolfelsperger, A. (1970), *Les biens durables dans le patrimoine du consommateur*, Paris, PUF.

Zelditch, M. (1964), 「Family, Marriage and Kinship」, *in* R. E. L. Faris (ed.), *Handbook of Modern Society*, Chicago, Rand McNally.

Zetkin, C. (1934), 「Les notes de mon carnet」, *Lénine tel qu'il fut*, Paris, Bureau d'éditions.

참고문헌

크리스틴 델피

가부장제의 정치경제학 1

주적

| 1판 1쇄 인쇄 | 2022년 10월 25일 |
| 1판 1쇄 발행 | 2022년 11월 1일 |

| 지은이 | 크리스틴 델피 |
| 옮긴이 | 김다봄 · 이민경 |

기획	이민경
편집	이두루
디자인	우유니
홍보	김혜수

펴낸곳	봄알람
출판등록	2016년 7월 13일 2021–000006호
전자우편	we@baumealame.com
인스타그램	@baumealame
트위터	@baumealame
홈페이지	baumealame.com

| ISBN | 979-11-89623-17-3 (92300) |